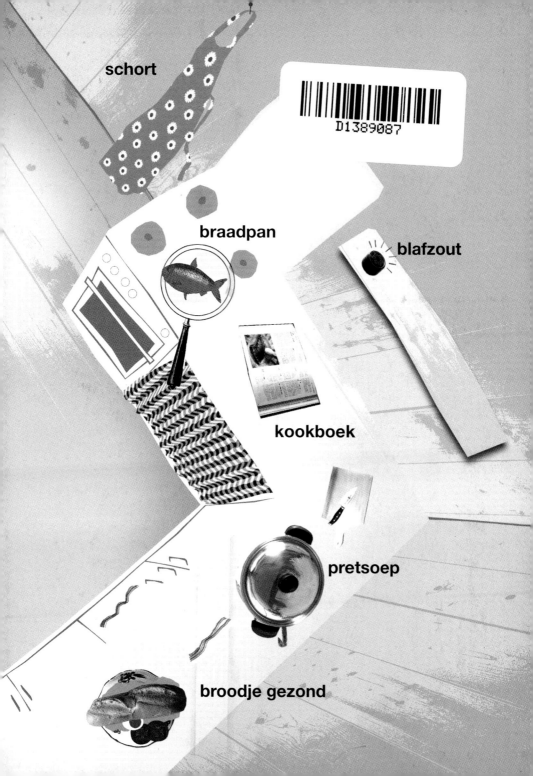

schort

braadpan

blafzout

kookboek

pretsoep

broodje gezond

D1389087

AVI:	E3
Leesmoeilijkheid:	open lettergrepen (tomaat, eten)
Thema:	koken

Zwijsen

Anke de Vries
Kootje de kok

met tekeningen van Ann de Bode

Bikkels

Naam: *Kootje*
Ik woon met: *mama en papa*
Dit doe ik het liefst: *koken*
Hier heb ik een hekel aan: *vis met graten*
Later word ik: *kok*
In de klas zit ik naast: *Siep*

Ei, ei, je bent van mij

Kootje zit in de tuin.
Ze leest een boek.
Het is een kookboek.
Het heet: Ei, ei, je bent van mij.
Daar komt Siep.
Kootje ziet hem niet.
Siep maakt het tuinhek los.
Zacht sluipt hij naar haar toe.
'Hoei,' roept hij opeens.
Kootje schrikt.
'Geintje,' zegt Siep.
'Kom je bij mij spelen?'
'Nee, ik ben aan het lezen.'
Siep pakt het boek af.
'Ei, ei, je bent van mij,' leest hij.
'Wat een stom boek.'
'Het is niet stom,' zegt Kootje.
'Het is een heel leuk kookboek.
Ik word later kok.'
'Kok???'
Siep komt niet meer bij.
'Geef mijn boek terug,' zegt Kootje.

Kootje

ei, ei,
je bent
van mij.

Hoei

Siep

'Doe ik niet,' zegt Siep.
'Ei, ei, je bent nu van mij.'
Hij holt weg met het boek.

Kootje loopt boos naar binnen.
'Wat is er?' vraagt mama.
'Heb je ruzie met Siep?'
'Ja, hij heeft mijn kookboek.'
Iets later gaat de bel.
Mama loopt naar de voordeur.
Geen mens te zien.
Op de stoep ligt een pakje.
Voor Kootje de kok, staat erop.
'Voor jou,' zegt mama.
Kootje maakt het pakje open.
Het is haar kookboek.
Met een ei van snoep.
Dit ei krijg je van mij, schrijft Siep.
Kootje lacht.
Siep kan soms stom doen.
Maar soms is hij ook leuk.

De prethoed

Kootje heeft zes weken vrij.
Ze loopt naar het park.
Met haar kookboek.
Op een bank zit een vrouw.
Ze heeft een hoed op haar hoofd.
Een hoed met een ui en een wortel,
en een prei en een tomaat.
Kootje gaat naast haar zitten.
De vrouw heeft ook een tas.
De tas ruikt vreemd.
'Ik zie dat je een kookboek leest.
Maak je ook wel eens pretsoep?'
Kootje weet niet wat ze hoort.
'Pretsoep, wat is dat?'
'Dat is heel lekker,' zegt de vrouw.
'Je wordt er blij van.
Je snijdt een ui en een tomaat.
En dan ...'
'Een wortel en een prei,' zegt Kootje.
'Je kunt goed raden.'
'Het komt door de hoed,' lacht Kootje.
'U hebt een prethoed op uw hoofd.'

De vrouw lacht ook.
Ze maakt de rits van haar tas los.
Kootje krijgt een flesje.
'Dit is voor de pretsoep.
Je doet een drupje in de pan.
Bij de wortel, prei, ui en tomaat.'
Ze geeft ook nog een zakje met zaad.
Het ruikt zoet.
'Wat kan ik hiermee maken?'
'Een danstaart,' zegt de vrouw.
Ze staat op.
Er valt een rood doosje op de grond.
Ze merkt het niet.
Kootje kijkt haar na.
Tot de hoed weg is.
Dan ziet ze het rode doosje.
Ze raapt het op en kijkt erin.
Het ziet eruit als zout.
Ze stopt het doosje in haar zak.
Met het flesje en de zaadjes.

Er valt een rood doosje op de grond.

Kootje de kok

Oom Koen is op bezoek.
Oom Koen heeft een strandtent.
Het is een hut van hout met een vlag.

Je kunt er van alles kopen.
Frisdrank, snoep en ijs.
Koffie, taart en soep.
Broodjes met kaas en ham.
En nog veel meer.

'Ik heb echt pech,' zegt oom Koen.
'Mijn kok is ziek.
Wat nu?
Ik kan niet eens een ei koken.'
'Dan help ik je wel,' zegt Kootje.
'Ik hoef toch niet naar school.'
'Jij???'
'Ja, ik kan heel goed koken.'
'Dat is waar,' zegt mama.
'Kootje staat graag in de keuken.
Ze kookt vaak voor ons.
Ze wil later kok worden.'

'Wat een bof,' roept oom Koen blij.
'Dan word jij mijn kok, Kootje.'

Het is druk op het strand.
Oom Koen zet de stoelen buiten.
Kootje doet een schort voor.
Er komt een man met een meisje.
De man wil een broodje gezond.
Kootje smeert brood met kaas en sla.
'Ik wil ijs,' zegt het meisje.
Dan gaat Kootje patat bakken.
'Wat een kok!' zegt oom Koen.
'Ik ben trots op je, Kootje!'

Opeens ...
Wie staat daar voor haar neus?
Het is Siep.
'Wat doe jij hier?' vraagt Siep.
'Ik help oom Koen,' zegt Kootje.
'Zijn kok is ziek.
Nu ben ik de kok.'
'Ik help je wel mee,' zegt Siep.
'Goed?'
'Mij best,' zegt Kootje.

'Dan mag je hulpkok zijn.
Ga de keuken maar vegen.'
'Dat doet een kok niet,' zegt Siep.
'Een hulpkok wel,' zegt Kootje.
Ze geeft hem een bezem.
'Een hulpkok maakt de tafel schoon.
En hij veegt de vloer.'
Siep krijgt er gauw genoeg van.
'Doe het zelf maar.
Ik heb geen zin meer.
Ik ga Pam zoeken.
Ze is ook op het strand.
Ik zag haar met vier vriendjes.
Ik hoop dat ze er nog zijn.
Dan kan ik met hen spelen.'

Een feesttent

Wat een storm.
Siep rent naar de strandtent.
'Hier ben ik weer,' zegt hij.
'Er komt vast geen mens.
Je waait van het strand.'
'Echt weer voor soep,' zegt Kootje.
Ze snijdt een ui.
Dan wortels, een prei en een tomaat.
Ze doet alles in een pan.
Daarna maakt ze een flesje open.
Een drupje, nog één, drie, vier ...
'Wat is dat?' vraagt Siep.
Kootje lacht.
'Dat is het geheim van de kok.'
Ze bakt ook nog een taart.
Eerst meel en suiker in een schaal.
Ze doet er melk en boter bij.
Siep mag het ei roeren.
Nu het zakje met zaad.
Flink roeren.
Klaar voor de oven.
Er komt een man naar de strandtent.

Siep schrikt.

'Dat is de buurman,' zegt hij.

'Hij is een zeur.'

'Wat een wind,' bromt de buurman.

'Ik ben mijn pet kwijt.

Hij waaide van mijn hoofd.

Ik heb het koud.'

Oom Koen geeft hem een stoel.

'Neem wat soep.

Daar word je warm van.'

De buurman drinkt de soep.

Hij lacht en maakt grapjes.

Siep snapt er niks van.

Is dit de buurman wel?

'Wat is dit voor soep?'

vraagt de buurman.

'Pretsoep,' zegt Kootje.

'Ha, ha, pretsoep.

Die is goed!'

Hij doet niets dan lachen.

Hij rolt haast van zijn stoel.

Het wordt druk.

'O, kijk, wat leuk,' zegt Kootje.

'Daar komt juf.'
Juf heeft een pet op haar hoofd.
'Dat is mijn pet,' lacht de buurman.
'Hoe komt die op jouw hoofd?'
'Door de wind,' zegt juf.
'Er vloog een pet door de lucht.
Ik ving hem op.'
Juf wil taart.
'Mmm, lekker,' zegt juf.
Ze wiebelt op haar stoel.
Dan springt ze op.
'Wie heeft zin in een dansje?'
'Ik kan niet dansen,' lacht de buurman.
'Dat leer ik je wel.
Ik ben een juf, kom op!'
Ze trekt hem van zijn stoel.
Samen zwieren ze in het rond.
De buurman zegt:
'Die pet staat je leuk, juf.
Die mag je wel houden.'
'Ik snap er niks van,' zegt Siep.
'Zou het door de storm komen?'
Kootje zegt niks.
Ze weet wel beter.

Siep is een hond

'Nu wil ik kok zijn,' zegt Siep.
'Ik ga een vis bakken.
Dat kan ik best.'
Siep pakt een braadpan.
Hij zoekt naar zout.
Daar staat een rood doosje.
Hij kijkt erin.
Het ziet eruit als zout.
Siep doet het op de vis.
Hij proeft.
De vis smaakt vies.
Maar dat hoeft Kootje niet te weten.
'Is het lekker?' vraagt Kootje.
'Waf, waf,' blaft Siep.
Hij schrikt er zelf van.
'Doe normaal,' zegt Kootje.
Ze geeft hem een duw.
'Woef, woef,' waft Siep.
'Grrr...'
Hij laat zijn tanden zien.
Hij wil haar zelfs bijten.
'Hou op, schei uit,' zegt Kootje.

'Wat heb je op de vis gedaan?'
Siep wijst naar het rode doosje.
Hij blijft maar blaffen.

Er komt een vrouw de strandtent in.
Het is de vrouw met de prethoed.
'Ik ben blij dat ik je weer zie,' zegt ze.
'Ik ben mijn blafzout kwijt.
Dat is voor mijn hond.
Hij blaft er zo mooi van.'
'Siep ook,' zegt Kootje.
'Hij houdt niet meer op.
Wat moet ik doen?'
'Is Siep je hond?'
'Nee, mijn vriendje,' zegt Kootje.
'Ook wat,' lacht de vrouw.
'Maak vlug een drankje van dit kruid.
Dan houdt hij wel weer op.
En geef gauw mijn blafzout terug.'

Siep is weer gewoon Siep.
Maar hij wil geen kok meer zijn.
En nergens doet hij zout op.
Zelfs niet op zijn patat.

Wil je meer lezen over Pam en haar vier vriendjes op pagina 18? Lees dan 'De schat van de zeerover'.
Pam vindt een fles op het strand. Daarin zit een brief van een zeerover. In een spannend avontuur gaan Pam en haar vriendjes op zoek naar de schatkist ...

In deze serie zijn de volgende Bikkels verschenen:

Kootje de kok
De schat van de zeerover
Op reis met oom Hein
Sjors en de vuurman
Nina, opa en de zee
De vliegfiets
Alles in de hoed
Kaspers geheime hond

LEES N!VEAU

koken

Toegekend door Cito i.s.m. KPC Groep

De Nederlandse
Kinderjury
2008

1e druk 2007

ISBN 978.90.276.7224.7
NUR 282

© 2007 Tekst: Anke de Vries
Illustraties: Ann de Bode
Vormgeving: Rob Galema
Uitgeverij Zwijsen B.V., Tilburg

Voor België:
Zwijsen-Infoboek, Meerhout
D/2007/1919/438